BEI GRIN MACHT SICH IHR WISSEN BEZAHLT

AF151072

- Wir veröffentlichen Ihre Hausarbeit,
  Bachelor- und Masterarbeit

- Ihr eigenes eBook und Buch -
  weltweit in allen wichtigen Shops

- Verdienen Sie an jedem Verkauf

Jetzt bei www.GRIN.com hochladen und kostenlos publizieren

Svenja Gerbendorf

Marienerscheinungen: Alles Quatsch! - Oder doch nicht?

GRIN Verlag

Bibliografische Information der Deutschen Nationalbibliothek:

Die Deutsche Bibliothek verzeichnet diese Publikation in der Deutschen National-
bibliografie; detaillierte bibliografische Daten sind im Internet über http://dnb.d-
nb.de/ abrufbar.

Impressum:

Copyright © 2011 GRIN Verlag GmbH
Druck und Bindung: Books on Demand GmbH, Norderstedt Germany
ISBN: 978-3-656-36229-6

Dieses Buch bei GRIN:

http://www.grin.com/de/e-book/208561/marienerscheinungen-alles-quatsch-oder-
doch-nicht

GRIN - Your knowledge has value

Der GRIN Verlag publiziert seit 1998 wissenschaftliche Arbeiten von Studenten, Hochschullehrern und anderen Akademikern als eBook und gedrucktes Buch. Die Verlagswebsite www.grin.com ist die ideale Plattform zur Veröffentlichung von Hausarbeiten, Abschlussarbeiten, wissenschaftlichen Aufsätzen, Dissertationen und Fachbüchern.

Besuchen Sie uns im Internet:

http://www.grin.com/

http://www.facebook.com/grincom

http://www.twitter.com/grin_com

Universität Potsdam
Philosophische Fakultät
Religionswissenschaft

Schlüsselqualifikation: Visionen und Prophezeiungen

Marienerscheinungen:
Alles Quatsch – oder doch nicht?

Svenja Gerbendorf

4. Semester Geschichte /
Germanistik

Inhaltsverzeichnis

1. Einleitung

Schon in der Bibel häufen sich Berichte von Wundern und Erscheinungen. Aber noch bis in die heutige Zeit soll es sie geben. Die überaus große Anzahl von Marienerscheinungen durch alle Jahrhunderte hinweg stellt ein weiteres Phänomen innerhalb des Phänomens dar. Sie bezeugen den tiefen Glauben an die Macht Gottes und die Mittlerstellung der Jungfrau Maria.

Aber ist diesen angeblichen Visionen zu trauen? Hat sich die Muttergottes diesen sogenannten Sehern tatsächlich gezeigt, teilweise zu ihnen gesprochen, oder versuchen nur einige Personen mit Hilfe des Glaubens von über zwei Milliarden Christen Berühmtheit und Geld zu erlangen? Oder sind diese Visionäre vielleicht sogar nur Geisteskranke oder Menschen mit einer zu blühenden Fantasie?

Dies gilt es herauszufinden. Dabei soll diese Arbeit nicht den Anspruch erheben, genau zu durchschauen, wieviel Wahrheit in jeder Vision steckt, denn schon allein wegen des begrenzten Platzes, ganz zu schweigen vom enormen Umfang des Themas, ist dies nicht möglich. Sie soll lediglich zeigen, wie der Wahrheitsgehalt einer Marienerscheinung überprüft wird und ob es überhaupt echte Erscheinungen geben kann.

Zu diesem Zweck wird als erstes beschrieben, was eine Marienerscheinung eigentlich ist und welche Typologie der Seher es gibt. Anhand von konkreten Beispielen wird anschließend verdeutlicht, wie eine solche Erscheinung aussehen, bzw. ablaufen kann, um dann auf die Klärung zuerst der Möglichkeit und dann der Tatsächlichkeit einer Marienerscheinung einzugehen und somit aufzudecken, ob man den Visionen trauen darf.

2.1 Was sind Marienerscheinungen und wer hat sie?

Per Definition sind Marienerscheinungen psychische Eindrücke oder Erlebnisse, in denen oder durch die eine oder mehrere Personen Maria, die Mutter Jesu Christi, als sinnhaft (optische oder akustische Wahrnehmungen) gegenwärtig erkennen.[1]

Die erste Erscheinung soll es angeblich schon im Jahr 41 gegeben haben[2], extrem gehäuft treten sie aber im 19. und 20. Jahrhundert auf, eine Epoche, die aus diesem Grund auch „marianisches Jahrhundert" genannt wird.[3] Von den 918 unkritisch aufgelisteten Erscheinungen fallen 58 % in diese Zeit, 106 Fälle in das 19. und 427

---

1 Vgl.: Beinert, Wolfgang: Maria. Spiegel der Erwartungen Gottes und der Menschen. Regensburg 2001
2 Vgl.: Ebd.
3 Vgl.: Schreiner, Klaus: Maria. Leben, Legenden, Symbole. München 2003

Fälle in das 20. Jahrhundert[4], allein zwischen 1928 und 1971 wurden 210 angebliche Marienerscheinungen registriert[5]. Viele dieser Erscheinungen haben einen großen Einfluss auf die Frömmigkeit der Menschen. Gewaltige Menschenmassen strömten und strömen zu den Wallfahrtsorten, welche an den Plätzen, wo Maria erschienen sein soll, entstanden sind. Und diese Entwicklung ist nicht erst seit dem „marianischen Jahrhundert" auszumachen: Allein in Altötting, einem der vielen Marienheiligtümern, wurden schon 1492 ungefähr 130.000 Pilgerabzeichen verkauft[6].

Aber wer sind diese Menschen, die in der Lage sind, solche Mengen an Menschen in Bewegung und Frömmigkeit zu versetzen?

In erster Linie sind es zumeist Katholiken, die Nichtkatholiken unter ihnen nehmen eine verschwindend geringe Minderheit ein[7]. Dazu handelt es sich meist „um Personen der Bildungs-Unterschicht, um weibliche Personen, um Personen in der Phase der Präpubertät und Pubertät (darunter befinden sich dann auch Knaben)."[8]

Tatsächlich sind, wie Beinert hier schon beschreibt, die übergroße Mehrzahl der Seher weiblichen Geschlechts. Dies liegt zum einen daran, dass Maria selbst nicht göttlich ist, sondern eher eine Mittlerstelle zwischen Gott und den Menschen innehat, also eine menschliche „Ansprechpartnerin" in göttlichen Sphären ist. Dazu kommt, dass sie eine der wenigen Frauen ist, die in der kirchlichen Lithurgie eine Rolle spielen. Deshalb erwarten gerade Frauen von ihr das Verständnis, das Männer ihnen gegenüber selten aufbringen können und sehen sich durch sie vertreten. „Sie ist das Gegengewicht zur Männerherrschaft im Himmel und auf Erden."[9]

2.2 Beispiele für Marienerscheinungen

Im vorhergehenden Kapitel ist klar gemacht worden, was eine Marienerscheinung ist. Nun soll anhand von konkreten Beispielen kurz dargestellt werden, wie eine solche Erscheinung aussehen kann. Da in der Masse der Visionen nicht jede berücksichtigt werden kann, sollen hier nur zwei sehr berühmte dargestellt werden: Eine der ältesten, in Guadalupe (Mexiko) und die wohl Bekannteste in Lourdes (Frankreich).

In Guadalupe soll einem 57-jähriger getaufter Nahua-Indio, Juan Diego, zwischen dem 9. und 12. Dezember 1531 wiederholt eine junge Frau erschienen sein. Sie verlangte den

---

4 Vgl.: Beinert, Wolfgang: Maria
5 Vgl.: Bäumer, Remigius (Hrsg.): Marienlexikon. St. Ottilien 1989
6 Vgl.: Beinert, Wolfgang: Maria
7 Vgl.: Beinert, Wolfgang (Hrsg.): Handbuch der Marienkunde. Regensburg 1997
8 Beinert, Wolfgang: Maria. S. 104
9 Wind, Renate: Maria – aus Nazareth, aus Bethanien, aus Magdala. Gütersloh 1996

Bau einer Kapelle am Ort der ersten Begegnung. Juan Diego war sicher, in ihr die Muttergottes erkannt zu haben und berichtete dem Bischof von Mexico-Stadt, welcher ihm zwar glaubte, aber um ein Zeichen bat, um die Echtheit nachweisen zu können. Bei einer weiteren Begegnung mit ihr versprach die Jungfrau des Sehers todkranken Onkel, welcher die Erscheinung ebenfalls gesehen hatte, zu heilen. Außerdem beauftragte sie Diego, auf einem bestimmten Berg Blumen zu pflücken und diese dem Bischof zu bringen. Als dieser, die Blumen in seinem Umhang, den Bischof aufsuchte um den Auftrag zu erfüllen, erschien, als er sie dem Bischof zeigen wollte, auf der Innenseite des Umhangs das Bild der Frau, die Diego gesehen hatte. Dieses in den Umhang eingeprägte Bild wird seitdem verehrt.[10]

In Lourdes hatte die damals 14jährige Bernadette Soubirous im Zeitraum vom 11. Februar bis zum 16. Juli 1858 insgesamt achtzehn Erscheinungen. Während der 9. Vision entstand in der Grotte eine Quelle, die sich dort noch immer befindet und deren Wasser bis heute aufsehenerregende Heilungen bewirkt. Bei der 16. dieser Erscheinung fragte Bernadette die Frau nach ihrem Namen. Diese antwortete ihr „Ich bin die Unbefleckte Empfängnis". Nachdem Bernadette schon recht früh mit anderen über das Erlebte sprach, kamen immer mehr Menschen mit um sie zu begleiten. Die Jungfrau forderte, man möge eine Wallfahrtskapelle bauen, außerdem Gebet, Umkehr und Buße. Bemerkenswert an dieser Marienerscheinung ist, dass der Terminus der „Unbefleckten Empfängnis" erst kurz zuvor vom Papst geprägt worden war und es zumindest fragwürdig erscheint, ob die junge Bernadette, Analphabetin und recht abgelegen lebend, diesen Ausdruck kannte. Sie selbst hat es bestritten. Außerdem war ihre Familie extrem arm. Trotzdem hat sie jeden Bestechungsversuch abgelehnt. Zudem kommt, dass ihr Leichnam bis heute nicht verwest ist.[11]

3.1 Klärung der Möglichkeit einer Marienerscheinung

Um zu klären, ob eine Marienerscheinung tatsächlich vorgefallen ist, stellt man sich zwangsläufig zuerst zwei Fragen: Zuerst ob eine solche Erscheinung möglich ist und, wenn man diese Möglichkeit festgestellt hat, ob sie tatsächlich war.[12] Die Beantwortung der ersten Frage soll hier erfolgen.

Es ist in erster Linie eine Glaubensfrage: Wenn man nicht an Gott glaubt, ist es meist auch nicht möglich daran zu glauben, dass er sich – ob nun selbst oder durch Heilige –

---

10 Vgl.: Beinert, Wolfgang (Hrsg.): Handbuch
11 Vgl.: Ebd.
12 Vgl.: Beinert, Wolfgang: Maria

einigen Menschen offenbart. Wenn man jedoch ohnehin gläubig ist, fällt es schwer, nicht zu glauben, dass Gott sich hin und wieder erfahrbar macht. „Niemand kann weiter ernsthaft bestreiten, dass auf Seiten der Adressaten diese Erfahrungen subjektive Sinneseindrücke aktivieren können."[13]

Aber auch Menschen, die von Natur aus misstrauisch übernatürlichen Dingen gegenüber sind, sind meist trotzdem an der Klärung einer solchen Frage interessiert und eine einfache Antwort, die nur den Glauben betrifft, hinterlässt hier oft Unzufriedenheit. Und auch die amtlichen Stellen der römisch-katholischen Kirche haben sich immer sehr vorsichtig und zurückhaltend solchen Erscheinungen gegenüber gezeigt. Sie halten daran fest, dass übernatürliche Ereignisse nicht vorauszusetzen, sondern zu beweisen sind[14]. Also muss die Tatsächlichkeit einer solchen Erscheinung geklärt werden.

3.2 Klärung der Tatsächlichkeit einer Marienerscheinung

Um die Glaubwürdigkeit einer Erscheinung zu überprüfen müssen zuerst alle natürlichen Erklärungsmöglichkeiten herangezogen werden. Hierfür ergeben sich fünf Gesichtspunkte: Der fundamentaltheologische, der historische, der psychologische und der heilstheologische[15].

Fundamentaltheologisch lässt sich die Begründung eines solchen Wirkens durch Gott in den Bibelstellen Joel 3,1 – 5 und Apg 2,17 finden. „So kann Gott die äußeren Sinne des Menschen gleichsam umgehen und in dessen innerem Vorstellungsbereich Schauungen und Einsprechungen hervorrufen."[16]

Historisch kann man nur sagen, dass bei dieser Flut an angeblichen Erscheinungen viele legendär erscheinen und sich historisch nicht mehr als echt verifizierbar lassen. Seit der Marienerscheinung von Katharina Labouré im Jahr 1830 fällt allerdings eine Häufung solcher Erscheinungen auf, die Botschaften an viele Menschen, bzw. die gesamte Kirche beinhalten[17].

Der psychologische Aspekt ist einer der interessantesten und wohl auch wichtigsten in der Klärung der Frage, ob eine Marienerscheinung tatsächlich war. Durch Überfließen von zentralen Erregungen auf die Empfindungssphäre können Vorstellungen so in den Bereich der Sinne übergreifen, dass Bilder von sehr überzeugendem Wahrnehmungscharakter entstehen. Natürliche psychologische Erklärungen für

---

13 Ebd., S. 103
14 Vgl.: Bäumer, Remigius (Hrsg.): Marienlexikon
15 Vgl. ebd.
16 Ebs., S. 395
17 Vgl. ebd.

Erscheinungen können Halluziantionen, Illusionen, Affektillusionen, illusionäre Verkennungen, eidetische Anschauungen, Wach- und Wunschträume oder, wie im Fall von La Salette und Fatima denkbar gewesen wäre, Kollektivsuggestionen sein[18].

Allerdings geht die Religionspsychologie davon aus, dass sogar bei einer Erscheinung die tatsächlich übernatürlichen Ursprungs ist, die leibseelische Mittätigkeit des Sehers nicht ausgeschaltet wird, sondern Einfluss auf die Vision nehmen kann. Dies kann in unterschiedlichen Maßen geschehen, weshalb man zwischen primär und sekundär übernatürlich bewirkten Inhalten unterscheidet. Allerdings wird die Glaubwürdigkeit der Erscheinung mit zunehmend subjektivem Einfluss immer schwächer. Im Laufe der Zeit wurden fundamentaltheologische Kriterien immer mehr für Erscheinungen angewendet und immer mehr verfeinert. Diese Kriterien beleuchten die Person des Sehers, die Natur und Umstände, Inhalt, Zweck und Auswirkungen der jeweiligen Erscheinung in vielfacher Hinsicht. Dabei wird der jeweils neuste Stand der psychophysischen, medizinischen und parapsychologischen Erkenntnisse verwertet.

Heilstheologisch ist nur zu sagen, dass zwar auch die nicht (mehr) verifizierbaren oder unentschieden belassenen Marienerscheinungen den Glauben an die heilsfördernde Wirkung Marias bekunden, dass die Kirche aber auch hier sehr vorsichtig vorgeht. So sagte beispielsweise 1951 der Kardinal Ottaviani „Wer hätte vor fünfzig Jahren daran gedacht, dass die Kirche heute ihre Kinder und selbst einige Priester warnen müsste vor sogenannten Erscheinungen und angeblichen Wundern.“[19]

4. Schlussbetrachtung

Es hat sich in dieser Abhandlung herausgestellt, dass es sehr viele Wege gibt, die Echtheit einer Marienerscheinung zu überprüfen, auch Unabhängig vom Glauben. Die Beurteilung einer solchen Vision dauert deshalb oft Jahre, manchmal auch Jahrzehnte. In vielen Fällen bleibt die Entscheidung über die Verifizierbarkeit eines übernatürlichen Ereignisses sogar ganz aus. Dies und der Umstand dass, wie oben erwähnt, auch die römisch-katholische Kirche sehr vorsichtig bei der Beurteilung von Erscheinungen ist, wie auch die angeführte Vielzahl von Erprobungen, lassen darauf schließen, dass eine Vision, die kirchlich anerkannt wurde, wahrscheinlich echt ist. Diese Arbeit will sich nicht anmaßen das zu beurteilen, was kirchliche Stellen in jahrelanger akribischer Kleinarbeit herausgefunden haben und schon gar nicht selbst die Echtheit von

---

18 Vgl. ebd.
19 Zitiert nach: Bäumer, Remigius (Hrsg.): Marienlexikon

Erscheinungen zu beurteilen. Hier sollte lediglich eine Stütze geliefert werden, um es dem Laien einfacher zu machen, sich ein Urteil zu bilden. Auch die Kirche zwingt niemanden, das zu glauben, was sie herausgefunden zu haben glaubt. Wenn eine Erscheinung nicht anerkannt wurde, darf sie trotzdem verehrt werden, aber eine anerkannte Vision muss nicht dazu führen, dass jeder Katholik daran glaubt. Das ist auch nicht möglich, denn trotz aller Vorsicht und Überprüfungsmaßnahmen ist die Erbringung eines hieb- und stichfesten Beweises einfach nicht möglich. Jeder Mensch ist also frei, grundsätzlich oder in Einzelfällen an Erscheinungen zu glauben oder nicht.

Literaturverzeichnis

Bäumer, Remigius (Hrsg.): Marienlexikon. St. Ottilien 1989

Beinert, Wolfgang (Hrsg.): Handbuch der Marienkunde. Regensburg 1997

Beinert, Wolfgang: Maria. Spiegel der Erwartungen Gottes und der Menschen. Regensburg 2001

Górecka, Marzena: Das Bild Mariens in der deutschen Mystik des Mittelalters. Wien 1999

Hoerster, Norbert (Hrsg.): Glaube und Vernunft. Texte zur Religionsphilosophie. Stuttgart 1988

Rovira, German (Hrsg.): Der Widerschein des Ewigen Lichtes. Marienerscheinungen und Gnadenbilder als Zeichen der Gotteskraft. Münster 1983

Rovira, German (Hrsg.): Maria im Geheimnis Christi und der Kirche: Ein Glaubensbuch. Würzburg 1987

Schreiner, Klaus: Maria. Leben, Legenden, Symbole. München 2003

Spangenberg, Peter-Michael: Maria ist immer und überall. Die alltagswelten des spätmittelalterlichen Mirakels. Frankfurt/Main 1987

Wind, Renate: Maria – aus Nazareth, aus Bethanien, aus Magdala. Gütersloh 1996

Ziegenaus, Anton (Hrsg.): Marienerscheinungen. Ihre Echtheit und Bedeutung im Lebend er Kirche. Regensburg 1995